My First

100

Hungarian Words

CSALÁD

Mama

Mum

Apu

Dad

Lánytestvér

Sister

Fivér

Brother

Nagymama
Grandma

Nagypapa
Grandpa

Néni
Aunt

Nagybácsi
Uncle

Ég
Sky

Fa
Tree

Hold
Moon

Tenger
Sea

ÁLLATOK

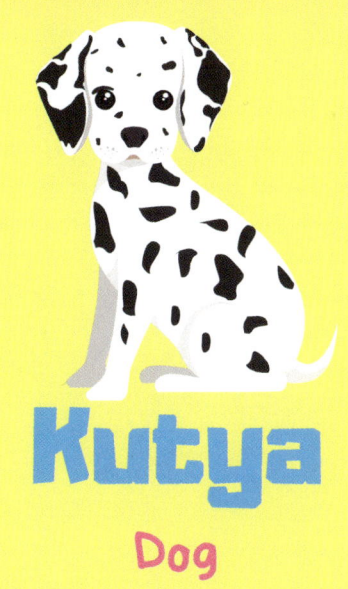

Kutya
Dog

Macska
Cat

Ló
Horse

Madár
Bird

Nyúl
Rabbit

Majom
Monkey

Medve
Bear

Róka
Fox

Hal

Fish

Disznó

Pig

Oroszlán

Lion

Tehén

Cow

Víz

Water

Narancslé

Orange juice

Tej

Milk

Almalé

Apple juice

ESZIK

Csirke

Chicken

Sajt

Cheese

Kenyér

Bread

Sültkrumpli

French fries

ZÖLDSÉGEK

Sárgarépa
Carrot

Paradicsom
Tomato

Burgonya
Potato

Saláta
Salad

DESSZERTEK

Csokoládé
Chocolate

Torta
Cake

Cukorka
Candy

Fagylalt
Ice Cream

GYÜMÖLCSÖK

Alma

Apple

Banán

Banana

Cseresznye

Cherry

Eper

Strawberry

Fej
Head

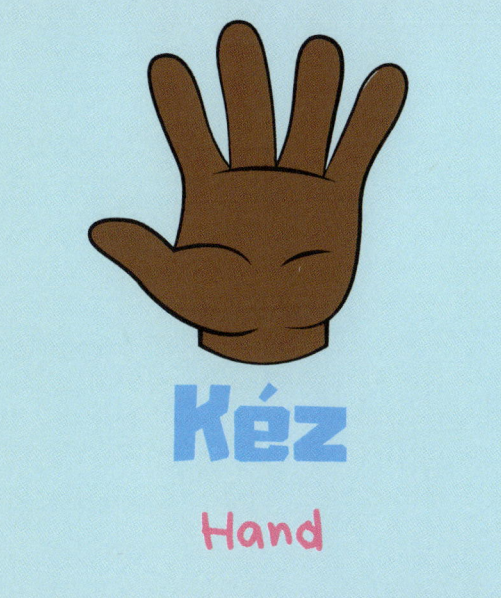

Kéz
Hand

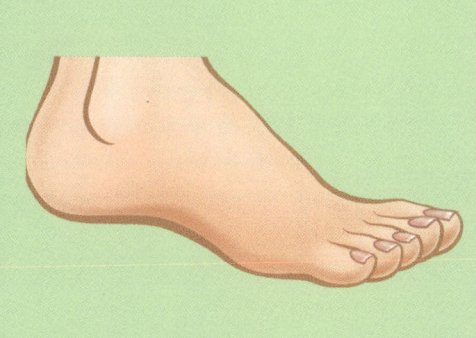

Láb
Foot

Kar
Arm

TEST

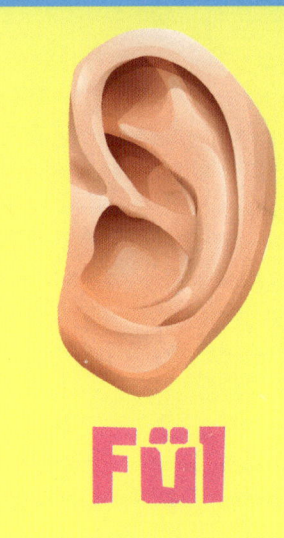

Fül
Ear

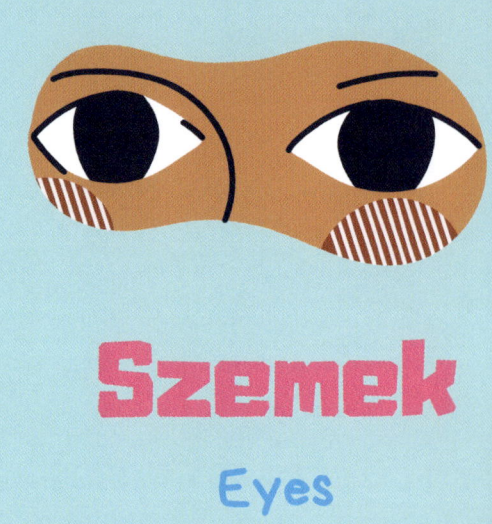

Szemek
Eyes

Száj
Mouth

Orr
Nose

HÁZ

Hálószoba
Bedroom

Konyha
Kitchen

Fürdőszoba
Bathroom

Illemhely
Toilets

Ablak

Window

Ajtó

Door

Nappali

Living room

Kert

Garden

Számítógép

Computer

Telefon

Phone

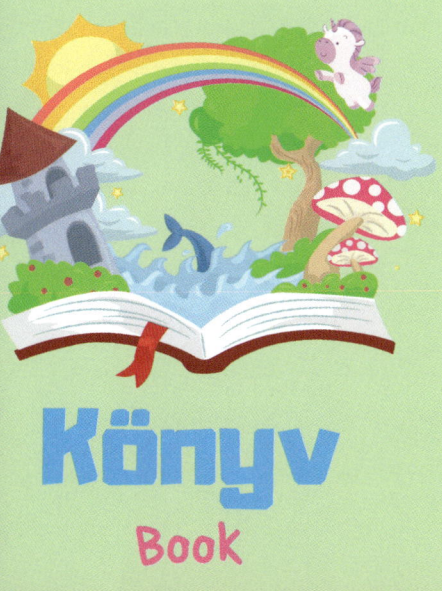

Könyv

Book

Kanapé

Couch

HÁLÓSZOBA

Ágy
Bed

Plüss
Plush

Szék
Chair

Éjjeli lámpa
Night Lamp

Nadrág

Pants

Ruha

Dress

Ing

Shirt

Cipő

Shoes

JÁTÉKOK

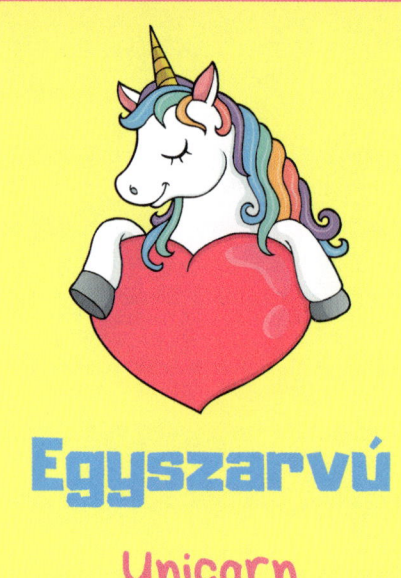

Egyszarvú
Unicorn

Labda
Ball

Bicikli
Bike

Vonat
Train

ISKOLA

Tanár
Teacher

Barát
Friend

Füzet
Notebook

Ceruza
Pencil

SZÓRAKOZIK

Játszik

To play

Énekel

To sing

Fut

To run

Rajzol

To draw

JÁTSZÓTÉR

Hinta

Swing

Csúszda

Slide

Kastély

Castle

Futball

Football (soccer)

MUNKA

Szakács
Cook

Rendőr
Policeman

Gazda
Farmer

Orvos
Doctor

JÁRMŰVEK

Autó
Car

Kamion
Truck

Repülőgép
Plane

Hajó
Boat

ROVAROK

Szitakötő
Dragonfly

Méh
Bee

Pillangó
Butterfly

Katicabogár
Ladybug

Printed in Great Britain
by Amazon

28836156R00016